Gabs / Jissey

MANAGEMENT Je me marre !!!

Deuxième édition

Cinquième tirage 2005

EYROLLES

ÉDITIONS EYROLLES
61, Bld Saint-Germain
75240 Paris Cedex 05
www.editions-eyrolles.com

ISBN : 2-212-03589-6

Entre le Dire et le Faire, il y a la mer.
(Proverbe Corse)

Quand on compulse tous les bons ouvrages de management, on reste médusé devant le décalage qui règne entre les concepts d'experts et la réalité vécue dans l'entreprise.

La crise rend urgente l'*écoute du client.*

Il faut donc *être réactif*

et se doter d'*une organisation simple*

où *les collaborateurs s'impliquent*

parce que les managers ont su
investir sur le capital humain

et pratiquer
l'éthique dans les affaires.

Enfin le client, devenu roi, peut désormais choisir l'entreprise qui lui assure un réel
service.

Seulement voilà. Il y a cette fichue nature humaine qui s'en mêle, et adieu Veaux, Vaches, Cochons, Management et Motivation,

MANAGEMENT... je me marre !

Écouter le client

**Du client à l'entreprise, le circuit est trop long.
Partir des besoins du marché et
adapter les capacités de l'industrie :
voilà, aujourd'hui, ce que pratiquent les entreprises
qui réussissent.**

BON, ON EST D'ACCORD MARTIN, RÈGLE NUMÉRO UN : ÉCOUTER LE CLIENT !
MON DIEU MAIS JE N'AI PAS APPRIS ÇA DANS MES COURS DE MANAGEMENT !!!...
GABS.

INSENSÉ ! ÉCOUTER LE CLIENT... QUEL MANQUE TOTAL D'IMAGINATION !
INCROYABLE !
GABS.

MOUI?
COMMENT
QUOI?
SI, SI JE VOUS ÉCOUTE!
GABS.

TOUTES LES IDÉES DE NOS CLIENTS SONT UTOPIQUES et IRRÉALISABLES !
MAIS POURQUOI ?
PARCEQU'ELLES M'OBLIGENT À CHANGER MES CONVICTIONS !
GABS.

J'HÉSITE ENCORE... FAUT-IL QUE J'ACHÈTE UN MATÉRIEL À LA HAUTEUR DE MES BESOINS OU À CELLE DE MES AMBITIONS ?
c'est tout vu !!
GABS.

QUE VOULEZ-VOUS QUE JE FASSE DE ÇA SUR MON TRACTEUR ?
SI ON NE PEUT PLUS IGNORER LE CLIENT, À QUOI ÇA SERT DE FAIRE DU MARKETING ?
ZIP MARINE DPT AGRICOLE

ICI, ON PARLE ANGLAIS, ALLEMAND, ESPAGNOL, ETC.
MOI JE VEUX QU'ON M'ÉCOUTE !
GABS.

À QUOI SERT
DE SUIVRE TOUTES
CES ÉTUDES DE COMMERCE,
SI C'EST POUR ÉCOUTER
LE PREMIER CLIENT
VENU ?
GABS.

ÉCOUTEZ BIEN LE MARCHÉ MARTIN : VOUS ENTENDEZ QUOI ?
LES JAPONAIS QUI ARRIVENT !
GABS.

Être réactif

Agir et réagir vite valent mille stratégies à long terme.
Être à l'écoute du marché ne doit pousser que vers un but :
inciter les collaborateurs à suggérer des améliorations avant même que le client en exprime le besoin.

VENTES
QUE FAIRE? CHANGER LES PRODUITS OU CHANGER LES PRIX?
COMME D'HABITUDE: RÉFLÉCHISSONS LONGTEMPS...
...AVANT DE NE RIEN FAIRE!
GABS.

LES CLIENTS N'ACHÈTENT PLUS ! LA CONCURRENCE FAIT MIEUX... OÙ EST LA SOLUTION ?
TRÈS SIMPLE : PERSUADEZ LE MARCHÉ QUE LA SOLUTION C'EST VOUS !
GABS.

PÉNURIE DE RESSOURCES, PÉNURIE DE BUDGET, PÉNURIE D'IDÉES... TOUT FOUT LE CAMP !
IL NOUS RESTE ENCORE LES RÉFLEXES...
...ADMINISTRATIFS !
GABS.

POUR DURER DANS L'ENTREPRISE,
IL FAUT SAVOIR UTILISER 50% DE SON ÉNERGIE POUR ÉCONOMISER LES 50% RESTANTS !
GABS.

ET À LA MAISON
C'EST INTERDIT
D'ÊTRE RÉACTIF ?
GABS.

Simplifier l'organisation

Être compétitif, c'est savoir s'adapter aux bouleversements de l'environnement. Des structures simplifiées et des collaborateurs responsabilisés doivent succéder à la bureaucratie d'autrefois.

DES DÉCISIONS ONT ÉTÉ PRISES POUR TENIR COMPTE DE VOS LÉGITIMES ASPIRATIONS PROFESSIONNELLES !
ON VA PUBLIER UN NOUVEL ORGANIGRAMME ?
GABS.

À FORCE DE SUPPRIMER LES LIGNES HIÉRARCHIQUES JE ME DEMANDE CE QUE JE VAIS DEVENIR ?
UN COLLABORATEUR À TAILLE HUMAINE CHEF !!!
GABS.

VOTRE OBJECTIF,
VOTRE POSTE,
VOTRE CARRIÈRE,
JE M'EN OCCUPE !
SUPER !
MOI J'M'OCCUPE
DE MON SALAIRE !!!...
GABS.

TRÈS SINCÈREMENT MARTIN, JE PENSE QUE LE "MIDDLE MANAGEMENT" EST UNE LIGNE HIÉRARCHIQUE DE TROP.
AH OUI ! ET LE "TOP MANAGEMENT" ALORS ?
GABS.

LE CHEF DE L'INFORMATIQUE NE VEUT SUPPRIMER NI LES GROS, NI LES MICRO-ORDINATEURS... QUE FAIRE ?
SUPPRIMER LE CHEF !!
GABS.

JE NE ME SUIS JAMAIS VRAIMENT INTERROGÉ SUR LE RÔLE DU MANAGEMENT...
C'EST COMME ÇA QU'ON VOUS AIME CHEF : PAS TROP TOURMENTÉ !!
GABS.

IL N'Y A RIEN DE PLUS DÉPRIMANT POUR UN MANAGER QUE DE NE PLUS POUVOIR MANAGER...
AVEZ-VOUS DÉJÀ ESSAYÉ LE TRAVAIL ?
GABS.

Avoir des collaborateurs motivés et impliqués

À nouvelle époque, nouvelles relations.
L'ère de la spécialisation, du contrôle et de la déresponsabilisation est achevée.
L'implication des collaborateurs aux objectifs de l'entreprise est maintenant assurée.

CELUI QUI
ME MANAGERA
N'EST PAS
ENCORE NÉ!
GABS.

DEPUIS QUE LE HARCÈLEMENT SEXUEL EST INTERDIT, IL EST BEAUCOUP PLUS DIFFICILE DE MOTIVER NOS CADRES !
GABS.

MÊME LES RÊVES ONT LEUR LIMITE MARTIN. MOI PAR EXEMPLE, JE SUIS CHEF DEPUIS 20 ANS ET PLUS DU TOUT AUGMENTÉ DEPUIS 15 ANS!
MOI MES RÊVES SONT INTACTS: JE N'AI JAMAIS ÉTÉ AUGMENTÉ!
GABS.

M. MARTIN, POUR VOUS, C'EST QUOI L'IMPLICATION ?
UNE MOYENNE RAISONNABLE ENTRE MANIPULATION ET DÉMAGOGIE !
QUEL ÉTAGE ?
GABS.

AH! MARTIN, JE VOUS AI INSCRIT POUR LE LIVRE DES RECORDS!
POURQUOI?
PARCE QUE VOUS NE RATEZ NI UN PONT NI UN CONGÉ CADRE, NI UNE FÊTE CARILLONNÉE NI UN RHUME, NI UN MALAISE, NI....
GABS.

FILIALES : LE BOOM

VOYEZ-VOUS MARTIN, LE MANAGEMENT EST UNE QUESTION DE VOLONTÉ !
C'EST VRAI : ÇA FAIT 20 ANS QUE JE RÉSISTE...
GABS.

MAIS, CHEF, TOUT NE SE MESURE PAS DANS LA VIE ?
EXACT, MARTIN, EN CE QUI CONCERNE VOTRE MOTIVATION !
GABS.

JE SUIS IMPLIQUÉ !
JE SUIS MOTIVÉ !
JE SUIS IMPLIQUÉ
JE SUIS...
JE.....
GABS.

Investir sur le capital humain

Avoir une vision claire et
efficace des ressources humaines.
Voilà qui conduit l'entreprise à recruter, former et
promouvoir des collaborateurs
acquis à ses valeurs.

CURSUS

J'AI COMMENCÉ BAGUETTE, PUIS MOULURE ET MAINTENANT, JE SUIS CADRE !!!
GABS.

AUTREFOIS, IL FALLAIT DES MOIS POUR OBTENIR UNE AUGMENTATION...
AUJOURD'HUI 5 MINUTES SUFFISENT POUR LA REFUSER !
RENTABILITÉ
COÛTS
PROFITS
PRODUCTIVITÉ
GABS.

EN FIN DE COMPTE MARTIN, MANAGER CE N'EST PAS COMMANDER ! C'EST SE FAIRE OBÉIR !!!
GABS.

MULTI
NATIONALES
AUTREFOIS LES GRANDES BOÎTES NOTAIENT VACHE ET PAYAIENT PEU...
AUJOURD'HUI, ON NOTE BIEN MAIS ON NE PAYE PLUS DU TOUT !
GABS.

VOUS LE SAVIEZ :
MA PORTE RESTE TOUJOURS
OUVERTE À MES
COLLABORATEURS !!! ...
GABS.

LE MEILLEUR TRAITEMENT, CONTRE LA NULLITÉ DE SES COLLABORATEURS, C'EST D'EN DIMINUER LE NOMBRE !
GABS.

VOUS ARRIVE T-IL PARFOIS D'APPRÉCIER VOS COLLABO--RATEURS ?
OUI, QUAND JE M'EN FAIS UNE OPINION MEILLEURE QUE CELLE QU'ILS MÉRITENT !
GABS.

VOYEZ-VOUS MARTIN
JE PENSE PARFOIS QUE DE NOMBREUX CHEFS DEVRAIENT CONSACRER LEUR TEMPS À AUTRE CHOSE QU'À EXPLOITER LEURS COLLABORATEURS...
EXPLOITER QUI ALORS?
GABS.

JE ME DEMANDE S'IL N'EST PAS TEMPS D'EMBAUCHER UN CONSULTANT ?
OU DE CONSULTER VOS COLLABORATEURS !
GABS.

Pratiquer l'éthique dans les affaires

La meilleure des stratégies passe, en priorité, par l'honnêteté.
Les valeurs, considérées parfois comme un luxe, sont devenues une nécessité.

SA CONCEPTION DE L'ÉTHIQUE DEVIENT INQUIÉTANTE.
GABS.

POUR VOUS, L'ESPRIT D'ENTREPRISE C'EST QUOI ?
L'ENSEMBLE DES PRÉJUGÉS QUE MES COLLABORATEURS ADOPTENT APRÈS SIX MOIS D'EMBAUCHE !
GABS.

ÉTHIQUE
NON SEULEMENT FAUT VENDRE BIEN, MAIS EN PLUS FAUT VENDRE BON!
GABS.

L'ÉTHIQUE NE PEUT PAS NUIRE AUX AFFAIRES...
SURTOUT SI ELLE EST UTILISÉE MODÉRÉMENT!!!
GABS.

L'ÉTHIQUE! L'ÉTHIQUE! JE NE VAIS TOUT DE MÊME PAS RECRUTER AU PETIT SÉMINAIRE!
GABS.

C'EST QUAND JE LEUR AI DIT QUE LE COMMERCE ÉTAIT FONDÉ SUR L'ÉCHANGE RÉCIPROQUE, QUE ÇA LEUR A PRIS !
AH AH !
IH IH IH !
OUH ! OUH !
GABS.

L'ÉTHIQUE C'EST DE NE PAS TRICHER!
OU DISONS... DE NE PAS SE FAIRE PRENDRE!
GABS.

L'ÉTHIQUE de
LA DISTRIBUTION INFORMATIQUE
SE SOIGNE À LA
PREMIÈRE GUERRE
DES PRIX !!!
50%
À SAISIR
70%
CADEAU
COMPATIBLE
200%
GABS.

LA CULTURE D'ENTREPRISE, C'EST QUOI ?
L'ILLUSION DES ORIGINES ! LA HAINE DE LA CONCURRENCE !
GABS.

Apporter au client un réel service

En période de concurrence
c'est la valeur ajoutée du service qui fait la différence.
Sur le long terme, ce sont les services réels et
uniques qui fidélisent le client.

LE SERVICE, MARTIN C'EST CE QU'ON OFFRE AU CLIENT, PAS CE QU'IL ATTEND DE NOUS !!
GABS.

QUAND ON Y PENSE, ON EST TOUS AU SERVICE LES UNS DES AUTRES : C'EST ÇA QU'EST TERRIFIANT !!
GABS.

LE SERVICE
ÇA ME CONNAÎT : C'EST MOI QUI FAIT TOUT À LA MAISON !
GABS.

IL PARAÎT QUE DANS LES AFFAIRES, ON PRATIQUE UN SERVICE À DEUX VITESSES ?
BIEN SÛR. ON APPELLE ÇA COMPTA CLIENTS et COMPTA FOURNISSEURS !
GABS.

LE SERVICE C'EST QUELQUE CHOSE DE PRÉCIEUX !
AVEC CERTAINS FOURNISSEURS, ON NE RISQUE PAS DE LE GASPILLER !
GABS.

Imprimé en France. - JOUVE, 11 bd de Sébastopol, 75001 Paris
N° 360080T - Dépôt légal : Novembre 2004
N° d'éditeur : 6214